CONSEILS

AUX ÉLECTEURS

DE 1815.

PAR J.-F. ROGER,

Avocat à la Cour de Cassation.

PARIS,

DELAUNAY, LIBRAIRE, AU PALAIS-ROYAL,

GALERIE DE BOIS.

5 MAI 1815.

CONSEILS
AUX ELECTEURS
DE 1815.

———

Une bonne représentation nationale est dans
tous les temps la meilleure garantie de la liberté
publique et des droits des citoyens ; mais dans
l'état critique où se trouve la France, fatiguée
du passé, froissée par le présent, inquiète de
l'avenir, menacée au dedans et au dehors, menacée dans son honneur, dans son indépendance, dans son existence même, une bonne
représentation nationale est la seule digue qui
puisse s'opposer aux ravages du torrent, c'est
le seul remède qui puisse la sauver.

Ah ! ne jugeons pas la représentation nationale par ce que nous en avons vu précédem-
ment ! Défions-nous d'un préjugé né d'une
expérience aussi malheureuse qu'incomplette.
Pouvait-il s'établir une bonne représentation na-

tionale au milieu des orages de la plus effrénée des révolutions, lorsque les passions les plus opposées se déchaînaient et se ruaient contre la société avec l'impétuosité de l'exaltation et de la haine ?

Pouvait-on espérer une bonne représentation nationale, lorsque le Corps législatif était condamné au silence, lorsque les élections n'étaient pas directes et passaient par des creusets qui absorboient l'or pur et ne rendaient souvent qu'un alliage corrompu, lorsque les assemblées électorales languissaient sous la pernicieuse influence de chambellans et de courtisans ?

Alors j'excusais la tiédeur, l'indifférence des électeurs. Alors ils avaient quelque raison de dire : A quoi bon m'éloigner de ma maison pour me rendre aux assemblées ? Y pourrai-je déjouer les intrigues d'un président qui semble apporter les ordres de la Cour ? et si je parviens à faire placer sur la liste des candidats quelque bon citoyen, son mérite l'emportera-t-il à Paris sur les sollicitations de ses concurrens protégés ?

Il n'est que trop vrai, les élections n'ont été jusqu'à présent qu'une vaine formalité ; la représentation nationale qu'une vaine apparence.

Mais il en doit être autrement ; si les causes

sont changées, les effets ne doivent plus être les mêmes.

Or maintenant, les élections sont directes ; ainsi les citoyens qui seront investis de la confiance publique, entreront au Corps législatif sans avoir besoin de faire l'apprentissage du courtisan, en mendiant des suffrages étrangers. Ils seront assez nombreux pour rassurer leurs commettans sur les craintes de la corruption dont les ministres peuvent si aisément faire usage, quand la représentation nationale ne se compose que de peu d'individus.

Les présidens, pour cette fois au moins, étant pris dans les assemblées électorales, les choix seront libres, et des cabales ne se feront plus sous la protection d'un homme dont la présence excitait la terreur et favorisait la séduction.

Ainsi chaque électeur aura la certitude que sa volonté sera libre, que son choix sera efficace.

D'un autre côté, les députés investis des pouvoirs du peuple auront une grande mission à remplir, et le besoin qu'on aura d'eux assurera leur indépendance. En cas de guerre, eux seuls peuvent rendre à la nation son énergie, en lui apprenant qu'elle combat pour elle-même; s'ils se décident à la paix, eux seuls peuvent offrir aux puissances étrangères des garanties suffisantes pour les traités.

Ainsi, par la force des choses et des circonstances, si la nouvelle représentation nationale est bonne, elle sera nécessairement libre et puissante; elle sauvera la patrie. — Ainsi les électeurs qui doivent la créer, ne sauroient trop se pénétrer de l'importance et de l'utilité de leurs fonctions. L'indifférence, la négligence, la faiblesse seulement seroit de leur part un crime de lèse-nation.

Tous doivent donc se rendre aux assemblées, y rester jusqu'au dernier moment. Tous doivent s'y présenter prémunis contre la séduction, fermes contre l'intrigue; le danger présent, la félicité future de la patrie doivent les occuper tout entiers et diriger leurs choix. Surtout qu'ils se gardent de l'esprit de parti : il est violent, il est aveugle, il ne fait rien de bon. Ah! s'il agissoit dans les élémens même de la représentation nationale, si celle-ci en étoit infectée dans ses racines, que faudrait-il en attendre? du bruit, de l'agitation, de nouveaux malheurs.

Electeurs, quelles que soient vos opinions politiques, qu'elles n'influent pas sur vos choix. Défiez-vous de ce penchant qui entraîneroit vos votes vers ceux qui se sont prononcés d'une manière conforme à vos sentimens. C'est l'entêtement, c'est l'exaltation qu'il faut précisément éviter d'introduire dans le Corps législatif.

Sans doute parmi ceux qui ont eu le malheur d'embrasser des partis, et de séparer ainsi leurs intérêts de ceux de la masse du peuple qui n'a pas de parti, il est des hommes estimables qui ont développé quelquefois de grands caractères, plus souvent de beaux talens : ils ne conviennent cependant pas à la représentation nationale. Le titre d'*homme de parti* doit être à vos yeux un titre d'exclusion que rien ne peut pallier. — Il suffit que l'on ait figuré d'une maniere quelconque depuis vingt-cinq ans, pour qu'on n'ait aucun droit a vos suffrages.

N'introduisez donc pas dans le Corps-Législatif d'anciens émigrés, quelque bons français qu'ils soient d'ailleurs. Avec les intentions les plus pures, il n'est pas donné à l'homme d'oublier entièrement les préjugés de l'enfance, les habitudes de la jeunesse, les malheurs de l'exil, les espérances de toute la vie. Vous auriez bientôt, par la nature même des choses, *une ligne droite* et *un côté droit.*

Evitez avec autant de soin de laisser tomber vos choix sur les personnes, même les plus recommandables, qui ont déjà figuré dans la révolution, soit comme républicains, soit comme impérialistes outrés : elles ont embrassé des opinions, elles ont pris part à des faits, à des gouvernemens que je suis loin de blâmer, mais enfin qui, bons ou mauvais, n'existent plus : elles ont comme les autres leurs intérêts, leurs préventions, leurs préjugés; comme les autres elles se trouveraient malgré elles entraînées vers le passé, et vous verriez aussitôt une ligne oblique, un côté gauche et une montagne.

Il faut à la France des représentans *tout neufs*, si je puis m'exprimer ainsi, et qui paraissent vierges sur la scène du théâtre politique. Il faut des hommes fermes de caractère, modestes dans leur conduite, qui n'aient pas couru les antichambres, ni sollicité les cordons, qui soient indépendans des agens du pouvoir exécutif, et qui aient une éducation et une existence libérales. Ceux-là ne se détermineront pas par d'anciennes habitudes, par des entêtemens de systèmes, par un amour-propre déjà

engagé, mais par l'impulsion libre d'une opi-
nion, résultat des événemens et des besoins de
la patrie.

Choisissez, autant que possible, des pères
de famille de quarante à soixante ans , qui
aient traversé les orages de la révolution sans
y prendre trop de part; non pas de ceux que la
faiblesse ou la crainte retenait, mais de ceux
qui ont toujours prêché la concorde et la paix
publique. Voilà ceux qui doivent composer la
masse d'une bonne représentation nationale.

Admettez-y aussi quelques jeunes gens en
petit nombre; il en faut pour ces inspirations
généreuses et patriotiques, que tempère toujours assez une longue délibération; il en faut
pour échauffer les âmes froides et timides; il en
faut dans une grande assemblée, comme il faut
du luxe dans un Etat policé.

Soyez prudens et réservés dans le choix des militaires, et ne vous arrêtez qu'à ceux qui sont depuis long-temps en retraite. Les militaires en acti-
vité ne doivent jamais délibérer; d'ailleurs la disci-
pline des camps éloigne l'homme de la liberté ci-
vile; elle l'habitue, elle le façonne en général à une
obéissance passive, contraire au caractère que

doit avoir le législateur et le représentant du peuple.

Quoique la noblesse ne soit pas un titre d'exclusion de la chambre des représentans, cependant on n'y doit introduire qu'un petit nombre de nobles, autant parce qu'ils tiennent toujours plus ou moins à la cour, que parce qu'ils ont leurs représentans et leurs défenseurs naturels dans la Chambre des pairs.

Soyez en garde contre ces hommes qui traînent leur nullité depuis vingt-cinq ans dans les assemblées électorales, qui connaissent chacun par son nom, qui saluent tout le monde en souriant, qui cabalent pour d'autres quand ils n'osent pas cabaler pour eux-mêmes. —Tenez pour règle certaine qu'un dîner d'apparat dans ces sortes d'occasions n'est jamais désintéressé.

Il est des gens qui auront des motifs pour vous dire : On doit nommer des hommes connus, des hommes exercés aux affaires publiques; on a tout à craindre de l'inexpérience d'hommes nouveaux.

Ils vous trompent. Que les agens du pouvoir exécutif, que les administrateurs soient choisis parmi les hommes, ayant l'habitude des affaires:

cela ne pourrait pas être autrement sans de graves inconvéniens; mais les représentans du peuple devant agir sans préventions, sans systèmes, ne devant pas administrer ni connaître les détails, n'ont pas besoin d'avoir vieilli au milieu des emplois publics; dans les circonstances actuelles ce serait même un malheur qu'ils eussent occupé des places trop éminentes.

D'autres voudront faire considérer la représentation nationale comme une espèce de récompense due aux fonctionnaires publics et aux militaires.

Cette erreur n'est que trop accréditée; elle était sans conséquence lorsque la représentation nationale n'était en quelque sorte qu'*honorifique*; mais envisagée sous le rapport de sa véritable destination, la représentation nationale, loin d'être une récompense, est elle même une fonction publique, et la plus importante de toutes. Ce qui la constitue essentiellement, c'est d'être l'œuvre du peuple, c'est d'être la garantie du peuple contre le gouvernement; or, comment sera-t-elle la création et la garantie du peuple, si elle ne se compose que des élémens mêmes du pouvoir exécutif? Tel est un grand général ou un excellent administrateur qui, souvent par cette raison-là même ne doit pas faire partie du Corps-Législatif; car ce serait rapprocher et confondre ce qu'on ne sauroit trop diviser, les pouvoirs législatif et exécutif. Ainsi, si un fonctionnaire public et un militaire entrent dans le corps des représentans du peuple, ce doit être à cause de la confiance qu'ils inspirent personnellement aux électeurs, mais abstraction faite de leurs titres, et non par sentiment de reconnaissance pour leurs services. Il n'y a aucun rapport entre les récompenses nationales et la représentation nationale (1). Autant vaudrait pour récompenser un général le nommer premier président d'une cour, ou nommer un président général d'armée.

Electeurs, défiez-vous de ceux qui calomnieront l'institution d'une représentation nationale : ils sont, à coup sûr, les fauteurs du despotisme. La France, pendant long-temps, disent-ils, a vécu sans représentation nationale, et n'en était pas plus malheureuse. Mais elle avait des institutions équivalentes, ces institu-

---

(1) Je n'ai pas besoin de dire qu'il en serait autrement dans un gouvernement où les administrateurs seraient nommés par le peuple.

tions n'existent plus, elles ne peuvent pas être
rétablies : si l'on ne met rien à leur place on
aura le pouvoir arbitraire.

Henri IV et Louis XIV, deux de nos rois qui
ont joui du pouvoir le plus absolu, avaient
eux-mêmes des entraves à l'exercice de leur au-
torité suprême ; s'ils étaient parvenus à détruire
la prépondérance des grands vassaux de la cou-
ronne, leur puissance trouvait encore des contre-
poids ; les parlemens, par leur composition et
par la faveur publique qu'ils avaient su gagner,
la noblesse, par l'influence qu'elle avait conser-
vée ; le clergé par ses richesses, ses priviléges
et son crédit ; les pays d'état par leurs franchises
et leurs prétentions, opposaient autant de bar-
rières au despotisme, et faisaient que, si les
rois étaient trop absolus, ils n'étaient cependant pas des sultans.

Mais où trouver à présent des grands corps
de magistrature réunissant les principes élémen-
taires qui faisaient la force des parlemens ? des
magistrats héréditaires en quelque sorte, irré-
prochables et impartiaux, riches et désintéres-
sés, fermes et indépendans ; en un mot, envi-
ronnés de cette considération publique, de ces
préjugés populaires qui les rendaient puissans ?

Où trouver une noblesse et un clergé qui aient les richesses, les priviléges, l'influence de ces anciens corps? et quand même la chose serait possible, qui voudrait consentir à les recréer?

Où trouver des pays d'état ayant conservé l'esprit particulier qui les distinguait, l'amour de leurs franchises, le courage et la volonté de les défendre?

Si donc, les anciens remparts de la liberté publique, assis sur de mauvaises bases, minés depuis long-temps, sont écroulés, et ne peuvent plus être relevés, que leur substituera-t-on? la représentation nationale est la seule garantie que puisse obtenir le peuple; c'est la seule institution qui n'ait pas besoin d'un grand nombre d'années pour se consolider, c'est la seule qui, directement émanée du peuple, soit, même en naissant, forte de la confiance populaire.

Une représentation nationale est donc indispensable en France, et chacun est intéressé à ce qu'elle soit bien composée; mais dans le moment actuel, elle devient plus importante que jamais.

En effet, il ne s'agit pas seulement d'une représentation nationale ordinaire, les électeurs

doivent ne pas perdre de vue que, dans les circonstances où se trouve la France, ils investissent
leurs représentans d'un pouvoir illimité. Ceux-
ci auront à prendre part à de grands événemens, ils auront à régler les premiers actes du
gouvernement, il faut donc des hommes impartiaux, prudens, courageux, inébranlables. Ils
doivent être les apôtres ou les martyrs d'une liberté raisonnable ; car cette liberté si épouvan-
tablement défigurée, étranglée ensuite d'une
manière si désespérante, doit enfin se concilier
en France avec la tranquillité publique.

Il serait à désirer que les électeurs recom-
mandassent à leurs mandataires de fonder des
institutions propres à éclairer l'homme sur sa
nature, ses devoirs et ses droits, des institutions propres à rendre la génération naissante
digne de jouir en paix des bienfaits d'un gouvernement sage et libéral, et de concourir plus
généralement à la création d'une bonne représentation nationale.

Intimement convaincu de l'importance des
élections qui vont avoir lieu, et de leur influence sur les destinées de la patrie, j'ai tâché
d'en convaincre aussi ceux qui doivent y prendre part. Je n'ai pas dû épuiser la matière, il est

des considérations que je n'ai fait que laisser entrevoir; d'ailleurs, il fallait être concis afin d'être lu.

Animé du seul désir d'être utile, je m'estimerai heureux, si j'ai réveillé le zèle et l'attention de quelques électeurs dont l'indifférence, pardonnable peut-être jusqu'à présent, deviendrait un crime aujourd'hui; si je les ai prémunis contre la séduction, l'intrigue, et surtout, l'esprit de parti; si, enfin je les ai déterminés à faire tomber leur choix sur des citoyens étrangers aux factions, connus seulement par leurs vertus privées; indépendans du pouvoir exécutif, amis fermes et éclairés de la tranquillité et de la félicité publique.

Telles sont les bases d'une bonne représentation nationale, sans laquelle la France ne peut espérer ni paix, ni liberté.

FIN

DE L'IMPRIMERIE D'ADRIEN EGRON,
rue des Noyers, n°. 37.